Méthodes de magnétisation pour le contrôle des naissances

Marguerite Sanger

Writat

Cette édition parue en 2023

ISBN : 9789359250304

Publié par
Writat
email : info@writat.com

Contenu

INTRODUCTION.

Dans les brochures précédentes, « Méthodes anglaises de contrôle des naissances » et « Méthodes néerlandaises de contrôle des naissances », on trouve une duplication des méthodes données dans la première brochure, « Limitation familiale ». Les méthodes françaises de contrôle des naissances sont si proches les mêmes que j'ai décidé de ne pas les reproduire à nouveau, mais de donner à la place une liste des livres et brochures publiés par la Ligue française, ainsi que des coupures ou des photos de certains des articles qu'elle a publiés. à vendre à leur siège social, 27 Rue de la Duée , Paris. Vous les retrouverez à la fin de cette brochure.

Je trouve également que les méthodes utilisées pour contrôler les naissances en Allemagne, en Italie, en Espagne, en Belgique, en Norvège, en Suède, en Inde, en Russie et au Japon ont toutes été fortement influencées par les ligues néo-malthusiennes anglaises et néerlandaises (les deux ligues les plus anciennes). Donner davantage de méthodes nationales ne serait qu'une perte de temps et de matériel et n'ajouterait rien à ce qui a déjà été donné. Cela ne veut pas dire qu'il n'existe pas beaucoup d'autres appareils mécaniques. Il y en a de nombreux ; mais je trouve toujours qu'il n'y a rien de meilleur, de plus sûr, de moins cher ou de plus pratique que le pessaire mentionné dans « Limitation familiale ».

En France, en Allemagne, en Espagne, en Italie, en Belgique et en Suède, il existe de puissants mouvements néo-malthusiens qui font progresser les théories du contrôle des naissances par le biais de conférences, de littérature et de moyens pratiques. En Russie, au Japon, en Inde et aux États-Unis, il y a eu récemment de faibles tentatives pour établir des mouvements de contrôle des naissances ; mais ils sont encore embryonnaires.

J'ai décidé de terminer cette série de brochures avec l'explication suivante de la méthode de Magnétisation , et j'estime avoir dit tout ce que je pouvais dire d'intéressant sur les méthodes de contrôle des naissances. J'ai volontiers fait don de mon acarien pour ce que je considère comme essentiel à la liberté économique, sociale et sexuelle de la femme.

Méthode de contrôle des naissances par magnétisation .

Avant de terminer cette série de brochures sur les méthodes pratiques de contrôle des naissances, je pense, en justice envers les nombreux lecteurs et abonnés de *Woman Rebel* qui se sont renseignés sur les théories de la magnétisation , de la continence masculine, de l'absorption sédulaire , de Karezza et de la découverte de Zugassent , que cette cette série ne serait pas complète sans donner au moins une idée générale de ces théories et de leur pratique.

Il est intéressant de noter que la théorie de la magnétisation a connu sa meilleure et sa plus longue pratique, ainsi que ses débuts, en Amérique, sous le titre de Continence masculine. Cette méthode a été pratiquée pendant plus de quarante ans par un groupe composé en moyenne de 130 hommes et 150 femmes connu sous le nom de communauté Oneida. Ils occupaient une partie de l'ancienne réserve des Indiens Oneida dans l'État de New York et vivaient dans une forme de société communiste harmonieuse et prospère. John Humphrey Noyes était le chef et fondateur du groupe. Grâce à son expérience personnelle et à des études prolongées, il découvre la théorie de la continence masculine. Depuis lors, de nombreux autres auteurs ont avancé la *même théorie* sous différents noms. Presque sans exception, chaque défenseur y a injecté une sorte de religion. La communauté Oneida était particulièrement une secte religieuse, et Alice B. Stockham , l'auteur de Karezza, était une fervente religieuse. Cependant, à part cela, il y a des vérités fondamentales dans la théorie qui méritent réflexion et ne doivent pas être écartées sans réflexion. Au vu des milliers de témoignages des résultats salutaires de la pratique de ces théories, je présente ces méthodes comme celles des autres, et pour plus de commodité je les classerai toutes sous une seule rubrique : « Magnétisation » .

Il y a des milliers d'hommes et de femmes qui s'opposent aux moyens pratiques et mécaniques de contrôle des naissances, qui estiment que le pessaire, le préservatif et la douche douche sont grossiers et sordides et enlèvent la beauté artistique et spirituelle de l'acte. Ce sont ceux-là que la méthode de magnétisation intéressera le plus. Il y en a d'autres qui prétendront que cette méthode n'est « pas satisfaisante » et ne trouvent aucun plaisir à la mettre en pratique. Mais il y a aussi des milliers d'hommes et de femmes qui peuvent passer devant un beau tableau sans en tirer aucune inspiration, ou écouter une charmante sélection sur un instrument de musique sans en ressentir aucune émotion. Il y en a donc beaucoup dont la nature n'est pas construite de telle manière qu'ils puissent profiter ou bénéficier de cette méthode. Il ne fait aucun doute que la réussite de cette méthode dépend d'un lien spirituel étroit entre les deux personnes qui apprécient sa pratique.

LA THÉORIE.

Les partisans de la méthode de magnétisation demandent d'abord d' analyser les rapports sexuels. Ils prétendent que vous y reconnaîtrez deux actes distincts, *c'est-à-dire* le social (ou amoureux) et le propagatif. Ceux qui pratiquent la méthode de la magnétisation se contentent et préfèrent l'acte social, à moins que l'acte procréateur ne soit souhaité. On considère généralement que les organes sexuels ont *deux* fonctions distinctes, à savoir la fonction urinaire et la fonction propagative. Les partisans de la théorie de la magnétisation prétendent que les organes sexuels ont *trois* fonctions distinctes, à savoir urinaire, propagative et amative, *c'est-à-dire* qu'ils sont conducteurs premièrement de l'urine, deuxièmement du sperme et troisièmement du magnétisme social. Chacun est séparé et distinct en soi.

Les organes de propagation sont physiologiquement distincts des organes d'union chez les deux sexes. Les testicules sont les principaux organes de reproduction chez l'homme et l'utérus chez la femme. La conjonction sexuelle de l'homme et de la femme n'entraîne pas plus l'écoulement de sperme que d'urine. L'écoulement du sperme, au lieu d'être l'acte principal du rapport sexuel, en est en réalité la suite et la fin. Les rapports sexuels purs et simples sont la conjonction des organes d'union, ainsi que l'échange et le flux d'influences magnétiques à travers cette conjonction. L'écoulement séminal peut être volontairement refusé lors d'un rapport sexuel, ou il peut être produit sans rapport sexuel, comme dans la masturbation, ce qui démontre le fait que l'écoulement du sperme, et le plaisir qui y est associé, n'est pas social, puisqu'il peut se produire dans la solitude : c'est un acte personnel et non social.

L'analyse physiologique de l'acte procréateur montre que le plaisir de l'acte n'est pas produit par le contact et l'échange de vie avec la femelle, mais par l'action du liquide séminal sur les nerfs internes de l'organe mâle. Le désir et ce qui le satisfait sont tous deux intérieurs à l'homme et peuvent être obtenus sans rapport sexuel. La fonction amative, ou la simple union de deux personnes, est une fonction distincte et indépendante, donnant un moyen d'échange magnétique supérieur à celui obtenu par la fonction reproductive. C'est la présence de la semence, et non son absence, qui rend le taureau supérieur au bœuf, et c'est la stimulation, la rétention et l'absorption du sperme chez l'homme, et sa direction vers d'autres canaux créatifs, qui rendent le sperme amoureux. acte plus bénéfique et plus sain et vitalisant que l'acte procréateur.

La plupart d'entre nous savent que l'énergie créatrice exprimée à travers la nature sexuelle est un instinct pour perpétuer la vie ; qu'elle a son origine et coexiste avec la vie elle-même ; que c'est le pouvoir qui revient à tous les objectifs et à tous les plans ; que c'est la force d'auto-poussée qui donne à l'individu la capacité et le désir d'agir et de performer ; que c'est le facteur moteur et le génie inventif de tout le travail de l'homme. Que cette force opère dans la multiplication des atomes et des molécules, dans l'attraction des germes vers les spermatozoïdes. Le processus de croissance et d'accomplissement des fonctions est propulsé par cette énergie, qui opère dans toute la Nature. C'est la force qui revient et s'exprime à travers la vie physique de l'homme et de l'animal.

Les atomes, les cellules et les plantes n'ont pas conscience de cette force, et les animaux n'en sont conscients que dans une faible mesure. Mais l'homme est conscient de cette énergie et est capable d'en développer une plus grande conscience ainsi que de son fonctionnement et de son utilisation à un degré remarquable. Tout comme l'ingénieur qui maîtrise le moteur grâce à sa connaissance de sa construction et de la force qui le fait fonctionner, l'homme peut maîtriser cette énergie créatrice et la diriger là où il le souhaite. La vie créative peut s'exprimer d'autres manières que la parentalité.

Emerson dit : « Transformez votre passion en poésie. » La passion est le signe de la puissance créatrice ; c'est la voix de la vie créatrice. S'il était compris et que ses pouvoirs étaient réalisés , il serait élevé et vénéré au lieu d'être abaissé et dégradé, comme le voudraient les Comstock . À mesure que l'énergie créatrice sera comprise et appliquée, les hommes et les femmes grandiront en force de caractère et en force d'amour, et consacreront naturellement ces pouvoirs aux intérêts et au développement de la race humaine.

LA PRATIQUE.

Chacune de ces théories implique une absorption séculaire par le biais de rapports sexuels sans aboutissement. Aucune décharge n'est autorisée, mais elle est retenue par un contrôle supérieur, faisant ainsi de l'acte un acte amatif (d'amour) et l'élevant d'une fonction fécondante exhaustive et abrupte à un charme magnétique silencieux, produisant la santé et un bonheur accru.

L'acte sexuel a un début, un milieu et une fin. Son début ou première étape est simplement la présence de l'organe mâle chez la femme. La deuxième étape est une série de mouvements réciproques. La fin ou troisième étape est la crise éjaculatoire, ou la fin de l'acte. Les partisans de la continence masculine, de la découverte de Zugassent , de l'absorption séculaire et de la magnétisation affirment que l'ensemble du processus jusqu'au troisième stade est entièrement volontaire et peut être arrêté à tout moment. Il est comparé à un ruisseau dans les trois conditions d'une chute, d'un cours de rapides au-dessus de la chute et d'eau calme au-dessus des rapides. Le batelier peut décider s'il restera dans l'eau calme, s'il s'aventurera dans les rapides ou s'il fera rouler son bateau sur la chute. Ils prétendent que l'expérience lui apprendra la sagesse de rester là où il est facile de ramer, à moins que l'objet ne mérite de franchir les chutes. Karezza conseille de se contenter d'une simple présence dans un premier temps jusqu'à ce que le frisson magnétique disparaisse. Ils sont tous similaires et visent tous le même résultat. Je les dirige selon une seule méthode : la « magnétisation ».

Ceux qui le pratiquent revendiquent la jouissance la plus élevée possible, sans perte de vitalité et une parfaite maîtrise du pouvoir fécondateur. Sa pratique implique grandement l'art d'aimer par un rapport sexuel prolongé empêchant ce qui met fin au rapport sexuel : l'éjaculation. Le liquide séminal, prétend-on, a une immense valeur immanente ; et s'il est maintenu dans le système, magnétisé et réabsorbé par le sang, il ajoute énormément à la force mentale et magnétique de l'homme, qui, à travers l'acte sexuel ordinaire, est constamment dépensée. Il ne fait aucun doute que sa pratique par certains hommes sera difficile ; mais cela ne peut pas être plus difficile ni nécessiter un plus grand pouvoir de contrôle que celui exigé de l'homme dans l'acte de « coïtus interrompu » (retrait). Ceux qui pratiquent la magnétation prétend qu'elle est très loin de « repousser l'ascèse » ; qu'il donne amplement d'exercice aux affections et donne l'occasion d'échanger le magnétisme sexuel ; mais que son plus grand bénéfice est que sa pratique conduit à un développement supérieur de l'amour. C'est la réalisation de ce contrôle qui élève la passion sexuelle chez l'homme et la femme à sa juste place aux côtés de la musique et de la poésie.

L'objection la plus forte qui est avancée contre cette pratique est qu'elle est « contre nature » ; qu'elle n'est pas autorisée par les exemples d'autres créatures du règne animal et qu'elle doit donc être fausse. Mais la réponse vient du fait que cuisiner, porter des vêtements et toute la vie moderne sont très éloignés de la vie naturelle ; et si nous restions dans une étroite adhésion à la Nature, nous nous mettrions à quatre pattes et resterions muets.

Lorsque nous réalisons que nous vivons à une époque où presque tous les domaines de la vie ont été considérablement modifiés et avancés par les récentes découvertes de la vapeur, de l'électricité, du téléphone, de la télégraphie, du microscope et d'autres agents d'illumination, n'est-il pas surprenant qu'il y ait n'y a-t-il eu presque aucune découverte ou amélioration dans le département vital des relations sexuelles ? L'explorateur, le pionnier, le découvreur peut poursuivre son chemin dans tous les domaines de la vie et revenir déposer ses richesses aux pieds de la science, de l'art ou de l'invention ; mais malheur à celui qui ose explorer cette vallée ombragée du sexe. Peu importe la pureté du motif, ou l'agonie et les misères que l'on cherche à soulager, cachots, persécutions, calomnies et prisons attendent celui qui ose rapporter des trésors de ses profondeurs cachées. Pourtant, aucun autre domaine de la vie n'a autant besoin d'instruction et d'éducation que le domaine sexuel.

Une stimulation sexuelle saine a un effet bénéfique tant sur les hommes que sur les femmes, en particulier lorsque l'être cher est accessible et qu'une certaine démonstration de sensations sexuelles est autorisée, comme dans les caresses contenues mais ardentes d'un couple fiancé. Ici, nous voyons souvent non seulement la période la plus heureuse, mais aussi la plus productive et la plus saine de la vie d'un homme. On dit que cela est particulièrement vrai pour les activités intellectuelles de l'homme.

On voit un an plus tard ce même couple heureux connaître une grande baisse d'affection. Les femmes en ont fait l'expérience si souvent qu'elles commencent à détester la relation sexuelle et à considérer cet acte soit avec la peur de la grossesse, soit avec une répugnance invincible. Bien entendu, une grande partie de cette aversion qu'éprouvent les femmes est le résultat de leur formation antérieure. Avant le mariage, on enseigne à la jeune fille que cet acte est une chose des plus dégradantes, et on lui dit que c'est l'accomplissement de cette seule chose pour laquelle l'homme la désire avant le mariage. Après, tout est censé être changé. On s'attend à ce qu'elle ait une toute nouvelle philosophie dès que l'acte de mariage sera entre ses mains. Le jeune homme moyen connaît peu l'art d'aimer et est par conséquent incapable d'embellir leurs relations ou de lui enseigner une nouvelle psychologie. La première année se passe dans la misère secrète de son côté, dans les ruptures et les incompréhensions entre eux deux. La femme moyenne vous dira qu'elle aime se faire caresser et exprimer son affection pour son mari, mais qu'elle pourrait être tout à fait satisfaite sans rapports sexuels. Cela est particulièrement vrai de la femme intellectuelle, qui reconnaît son intérêt décroissant pour la relation sexuelle, et repousse même les démonstrations affectueuses, craignant qu'elles ne se terminent par un rapport sexuel (principalement la peur de la grossesse).

Il s'agit certainement d'un problème auquel tout homme et toute femme intelligents doit faire face, et qui est suffisamment grave pour mériter notre infatigable intérêt. Quelque chose ne va pas. Qu'est-ce que c'est? Cette théorie offre-t-elle une solution à certaines ? Cela pourrait. Presque toutes les femmes qui le pratiquent témoignent de ses bienfaits, alors que peu d'hommes s'en plaignent. Ceux qui le font disent que contrôler l'éjaculation aujourd'hui signifie une perte séminale plus tard pendant le sommeil. Les défenseurs affirment cependant que cela se produira au début, mais que lorsque les organes seront habitués à leur nouvelle fonction, cela disparaîtra et il n'y aura plus de perte séminale.

Tous les hommes de la communauté Oneida ont compris que ce contrôle était un acquis nécessaire s'ils voulaient être considérés avec faveur par les femmes du groupe. Son accomplissement était nécessaire à leur bonheur mutuel, et ils devaient l'apprendre. S'il existe une méthode qui, dans la pratique, exprime la plus haute affection mutuelle et révèle sa propre force et sa puissance, alors faites-le savoir à l'humanité par tous les moyens.

Il n'y a aucune raison terrestre pour laquelle les hommes et les femmes ne devraient pas étudier les lois de l'expression sexuelle comme n'importe quelle autre science, et il devrait s'agir d'une étude non seulement intellectuelle, mais aussi d'expérience et d'adaptation. Si, comme on le prétend, l'expérience de cette méthode doit être pratiquée sur un plan de pensée plus élevé que le plan purement physique, alors elle doit certainement tendre vers une camaraderie et une compréhension plus fines entre hommes et femmes que la gratification physique éphémère qui prévaut actuellement. S'il y a quelque chose qui contredit la malpropreté traditionnelle attachée auparavant à la relation sexuelle, s'il y a quelque chose qui amène un mélange du corps et de l'esprit ou une ennoblissement du caractère de l'individu, alors, bien sûr, donnons-le dans ses moindres détails. , et que cette ignorance révoltante et cette pruderie qui ont si longtemps dominé l'esprit des hommes et des femmes soient balayées à jamais. Ayons de la lumière, à travers la discussion, l'expérience et l'ajustement.

Rares sont les hommes qui désirent exposer l'objet de leur affection au fardeau de porter des enfants plus rapidement que sa santé ne le permet. Ils se rendent compte que la force d'une femme est grandement minée et que sa beauté et sa grâce disparaissent rapidement ; mais l'ignorance et la tradition le tiennent sous leur emprise. Il ne sait rien des moyens de l'empêcher et laisse celui qu'il aime le plus dépérir et s'effacer sous ses yeux.

Il est particulièrement nécessaire que la femme soit libérée de la peur mentale de la grossesse. Il n'y a rien de plus productif de troubles nerveux ou de plus susceptible de diminuer l'attirance ou l'aimantation sexuelle que la peur et la pensée anxieuse. Une confiance parfaite dans la capacité de l'homme à se contrôler est essentielle à la perfection et aux résultats souhaités de ces méthodes. Tout comme on commence, on peut se développer. Les jeunes hommes et femmes sur le point de nouer des alliances et désireux d'établir entre eux une affection durable et un lien plus élevé peuvent facilement mettre en pratique cette méthode et contrôler les fonctions sexuelles. Plus l'individu est magnétique, plus les attirances sexuelles entre ceux qui aiment sont grandes, et plus le lien grandira entre eux, grâce à cette méthode de « magnétisation ».

L'expression et l'ajustement de toutes les théories sont si largement personnels qu'il est difficile de donner des règles particulières. Le chemin de la science et des grandes lois naturelles se découvre par l'expérience : il n'y a d'éducation que celle de l'expérience.

THÉORIES TESTÉES ET VÉRITÉS PRATIQUES.

DE CEUX QUI ONT PRATIQUÉ CETTE MÉTHODE.

Je suis un jeune homme de vingt-quatre ans, jouissant d'une santé des plus vigoureuses. Pendant deux ans après mes fiançailles, j'ai retardé mon mariage, simplement parce que je ne pensais pas que mes revenus étaient suffisants pour subvenir aux besoins de ma femme et de mes enfants, ce que je considérais comme une conséquence inévitable. Heureusement pour moi, un ami qui connaissait ma situation m'a écrit sur la continence masculine. Les idées contenues dans cette découverte étaient si différentes de toutes mes idées préconçues sur ce qui constituait le bonheur conjugal que j'étais enclin à les rejeter comme totalement impraticables et absurdes. Mais plus j'y pensais, plus je voyais clairement que s'il y avait une possibilité que ces nouvelles idées soient vraies, elles étaient exactement adaptées à un homme dans ma situation, et qu'elles rendaient mon mariage immédiatement réalisable.

L'idée toute nouvelle selon laquelle conserver la sécrétion séminale vitale dans le corps, au lieu de la dépenser de manière imprudente, pourrait rendre un homme plus fort, plus propre et meilleur, ne me paraissait pas non plus irrationnelle. C'est donc avec quelques appréhensions que j'ai osé me marier ; et, grâce à cette pratique, elle a connu un succès complet. J'ai eu une lune de miel continue pendant quatre ans, en plus de bénéficier quotidiennement des précieux services de ma femme dans mon entreprise, et je n'ai jamais été conscient d'une quelconque contrainte ou ascèse gênante dans mon expérience sexuelle, ni dans ma maîtrise de soi et ma force, mentale et physiques, ont beaucoup augmenté depuis mon mariage. À la lumière de ma propre expérience, je considère l'idée selon laquelle le liquide séminal est une sécrétion dont il faut se débarrasser, comme la plus pernicieuse et la plus mortelle qu'on puisse enseigner aux jeunes.

FG

D'UN HOMME DE SOIXANTE-DIX ANS.

J'ai soixante-dix ans et, grâce à la continence masculine, ma santé est bonne et je suis sexuellement aussi vigoureux que jamais. Mon seul regret est de ne pas en avoir été informé plus tôt dans ma vie. Ce n'est pas seulement une magnifique mesure sanitaire, mais c'est un promoteur de plaisir et le plus grand harmonisateur de la vie domestique que je connaisse. Je suis fermement convaincu que là où cette pratique est respectée, sauf là où la reproduction est désirée, les conflits et les disputes, les séparations et les divorces ne se produiraient jamais. Il me semble qu'aucune personne cherchant à s'améliorer ne souhaiterait, après avoir expérimenté cette pratique, revenir à cette pratique sensuelle grossière qui entraîne la satiété, l'épuisement, le dégoût et le remords.

Le gaspillage de force vitale et nerveuse qui accompagne les rapports sexuels habituels est, à mon avis, une des principales causes du besoin d'alcool et de tabac ; tandis que dans cette nouvelle pratique, les deux parties, si le magnétisme existe, font l'expérience d'un renouvellement de force vitale qui est au plus haut degré sain. Si les jeunes hommes se conformaient à cette pratique , ils constateraient que leur maîtrise de soi serait immensément améliorée dans tous les domaines de la vie et qu'ils conserveraient la vigueur et la jouissance de leur nature sexuelle longtemps après que la plupart des hommes soient devenus impuissants.

FSM

Depuis que mon mari a pris connaissance de cette nouvelle théorie , il m'a séduit au centuple ; et bien que notre soi-disant « lune de miel » ait eu lieu il y a cinq ans, elle n'était pas plus réelle et bien moins durable que le bonheur extatique et indescriptible qui est maintenant continuellement le mien. Mon mari prosaïque et parfois indifférent s'est transformé par une magie céleste en un amant ardent et envoûtant, dont j'attends l'arrivée avec tous les tendres ravissements d'une écolière. Son seul pas me fait frémir, car je sais que mon bien-aimé me serrera dans ses bras et me couvrira de baisers, comme seul l'amant le plus enthousiaste peut me donner. Et même si les années passent, je ne vois ni ne ressens aucun changement dans la façon dont il me chérit. Les uns envers les autres, nous sommes continuellement l'objet de la plus profonde révérence et du mystère le plus sacré. Notre affection s'approfondit, notre romance semble aussi sûre et durable que les étoiles. Je date mon mariage du moment où il devint élève de Zugassent , car ce fut le début de notre bonheur assuré.

Mais ce n'est pas seulement en tant qu'amant chéri que mon mari est devenu la couronne de mon bonheur. Il est devenu sensiblement plus noble en caractère, en intention et en force ; de sorte qu'outre un amant j'ai un ami fort, un conseiller sage , et mon bonheur est complet.

LST

Cela me fait plaisir de témoigner des effets bénéfiques de cette méthode, car je suis sincèrement convaincu qu'aucune autre découverte en science physique n'a jamais été faite qui soit d'une telle importance pour le bien-être de la race humaine. A mesure que j'ai suivi cette méthode, la vie est devenue saine et heureuse. Il évite les maux opposés que sont l'ascétisme et l'autosatisfaction, et fait plus que *toute autre chose* pour faire de la relation conjugale une cour perpétuelle. Je suis mari depuis quinze ans et je parle de choses que je connais.

F.

Cette nation yankee prétend être une nation d'inventeurs, mais la découverte de la continence masculine vous place, à mon avis, à la tête de tous les inventeurs. Il n'y a pas eu de conservation de force plus élevée que celle réalisée par cette méthode, et je suis convaincu que les bienfaits qui en découleront ne peuvent être mesurés par ceux qui ont suivi la machine à vapeur et le télégraphe électrique.

Votre serviteur, -- --

Un ami.

Une de mes amies d'école qui vivait dans une grande ville manufacturière de l'État de New York et qui est mariée depuis cinq ans avait appris au cours des premiers mois de son mariage cette méthode de contrôle des naissances. Elle rayonnait de bonheur ; ne désiraient pas d'enfant tant qu'ils n'avaient pas prévu l'avenir. Le mari travaillait dix heures dans une usine d'électricité, après quoi il jouait du cornet lors d'un concert, ce qui le maintenait jusqu'à minuit tous les soirs. De si longues heures de travail épuiseraient et épuiseraient l'homme moyen, mais cet homme était aussi radieux et fort qu'on pouvait l'imaginer. Tous deux affirmaient que c'était à la pratique de cette méthode qu'ils devaient leur santé, leur force et leur bonheur.

UNE GRAND-MÈRE.

Une grand-mère est venue de San Francisco pour assister à la naissance d'un petit-enfant. Elle était mariée depuis trente-cinq ans, mais ressemblait à une fille de vingt-huit ans par sa silhouette et sa couleur. J'ai été étonné de la vivacité, de l'empressement et de la santé joyeuse de cette femme. Chaque jour, elle recevait une ou deux lettres de son mari resté à San Francisco ; et d'après une partie qu'elle m'a lue, on croirait qu'il s'agissait d'un amant ardent et désespéré de dix-huit ans. Elle a affirmé qu'elle avait toujours pratiqué cette méthode, qu'elle connaissait quelques autres personnes qui la pratiquaient et qu'elle trouvait sa pratique supérieure à toutes les autres. Elle était la plus belle femme sexuellement vivante que j'aie jamais connue et la plus modeste. « La vraie modestie est un sentiment qui naît, non de l'indifférence ou de l'aversion pour les fonctions sexuelles, mais d'une appréciation délicate et respectueuse de leur valeur. »

Les articles annoncés sur cette page et sur les pages suivantes peuvent être obtenus au siège de la Ligue, 27 rue de la Duée , Paris.

Pessaire ordinaire.

Prix : 1 fr.

Pessaire Mensinga .

Prix : 1 fr. 25 ch.

Pessaire Matrisalus .

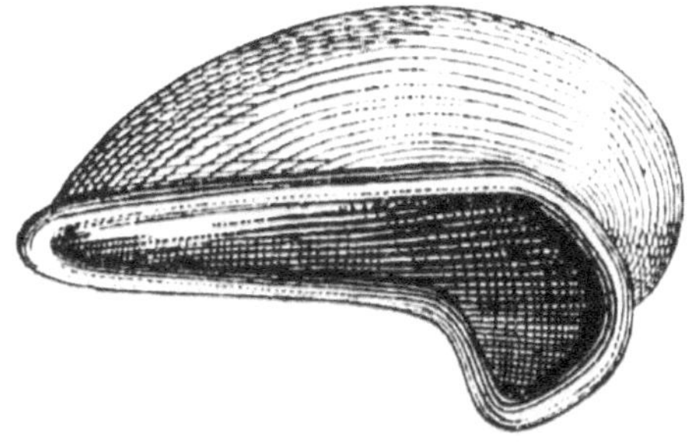

Prix : 2 fr. 50 ch.

Seringue Pneumatique.

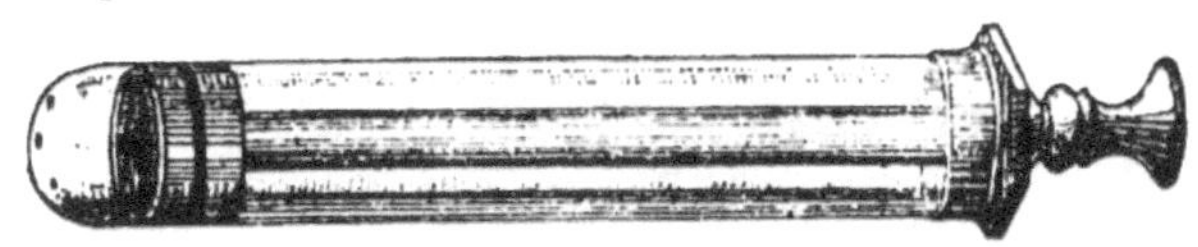

Prix : Ordinaire, 1 fr. 50 ch.

Dilatateur vaginal de Kroning .

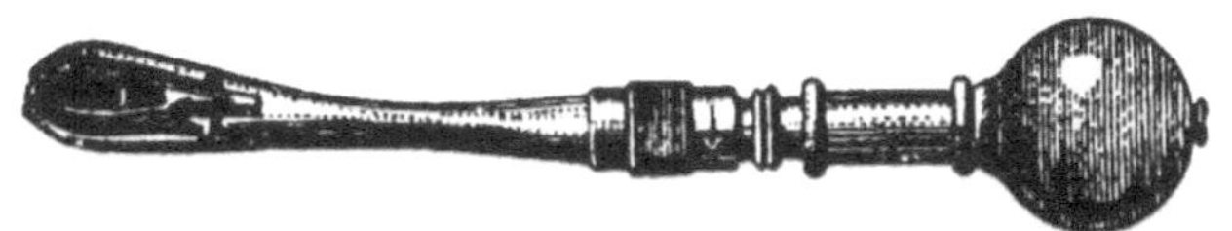

Appareil ferme avant l'introduction.

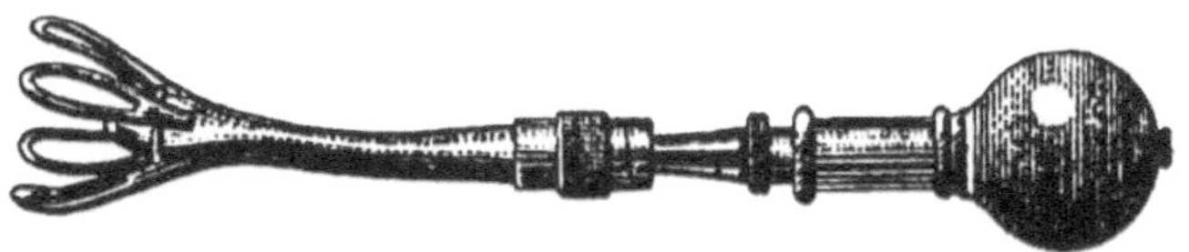

Appareil ouvert après l'introduction.

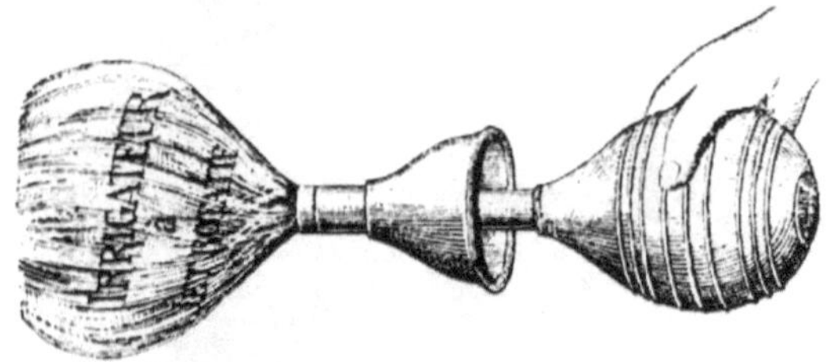

Irrigateur à jet rotatif « Marvel ».

Prix: L'appareil complet, en boîte, 18 fr.

Douche interne Dumez.

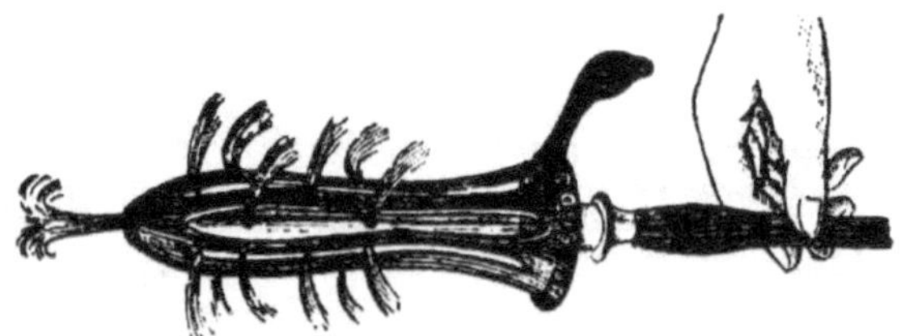

Prix: Complet, en boîte, 2 fr. 75 ch.

BROCHURES.

(1 fr. = 20 centimes ; 10 c. = 2 centimes. Les frais de port sont en sus.)

Essai sur la vasectomie (*Sterilization de l'homme*), par G. HARDY .— 0 fr. 10 ch.

Le mal de vivre , par MARIE HUOT .— 0 fr. 10 ch.

Le mariage, l'amour libre et la libre maternité , par JEAN MARESTAN .— 0 fr. 10 ch.

La société mourante et le néo-malthusisme , par FERNAND KOLNEY .— 0 fr. 10 ch.

La grève des ventres , par FERNAND KOLNEY .— 0 fr. 10 ch.

La chaise à canon , par MANUEL DEVALDES .— 0 fr. 15 s.

Le problème de la population , allocution de Mme. NELLY ROUSSEL et conférence faite par SEBASTIEN FAURE.— 0 fr . 15 s.

Le problème sexuel , par VICTOR MERIC .— 0 fr. 15 s.

Entre prolétaires , par DIXELLES .— 0 fr. 15 s.

Le néo-malthusisme est-il moral ? — 0 fr. 20 ch.

Défenseurs - nous ! *Pour le néo- malthusisme ; contre l' immoralité des moralistes.* —0 fr. 20 ch.

Néo-malthusisme et socialisme , par ALFRED NAQUET et G. HARDY.— 0 fr. 20 ch.

La grande utopie : *l'impuissance de la repeuplement* , par EUGENE LERICOLAIS .—0 fr. 25 ch.

Socialisme et population , par LEON MARINONT .— 0 fr. 40 ch.

Socialisme et malthusisme , par VICTOR ERNEST .— 0 fr. 60 ch.

Malthus et ses disciples , par G. HARDY .— 0 fr. 50 ch.

La loi de Malthus , par G. HARDY .— 0 fr. 75 ch.

Population et subsistances , par G. GIROUD .— 1 fr.

Aux jeunes hommes, aux jeunes filles. Ce qu'ils doivent apprendre sur la vie sexuelle , par VALENTIN GRANDJEAN .— 1 fr.

Valeur scientifique du malthusianisme , par le Dr GOTTSCHALK . Deux brochures (1re et 2e parties). Ensemble, 1 fr. 50 ch.

POUR ÉVITER LA CONCEPTION.

Ayons peu d' enfans ! Pourquoi ? Commentaire? par ÉMILE CHAPELIER. —0 fr. 20 ch.

Moyens d' éviter les grandes familles , par les docteurs J. RUTGERS et F. MASCAUX .— 0 fr. 30 ch.

Génération consciente , par FRANCK SUTOR .— 0 fr. 75 ch.

VOLUMES.

Moyens d' éviter la grossesse , par G. HARDY.— 1 fr . 25 ch.
L' éducation sexuelle , par JEAN MARESTAN .— 2 fr. 50 ch.
Peu d'enfants. Pourquoi ? Commentaire? par EUGENE LERICOLAIS .— 3 fr.
Le bréviaire de la femme enceinte. — 4 fr.
La pauvrete , sa seule cause, son seule remède , par le Dr GEORGE DRYSDALE .— 1 fr.
La procréation volontaire , par le Dr KLOTZ- Forest.— 2 fr .
Éléments de science sociale , par le Dr G. DRYSDALE .— 3 fr.
L'initiation sexuelle , par G. BESSEDE .— 3 fr.
La vie sexuelle et ses lois , par le Dr ANTON NYSTROM .— 6 fr.
Notions d' hygiène féminin populaire : l'Adolescente , par le Dr RENE MARTIAL .—2 fr.
La fonction sexuelle , par le Dr SICARD DE PLAUZOLES .— 6 fr.
La génération humaine , par le Dr G.-J. WITKOWSKI.— 8 fr .
La question sexuelle , par AUGUSTE FOREL .— 10 fr.
De l'avortement. Est-ce un crime ? par le Dr KLOTZ-FOREST .—3 fr. 50 ch.
De l'amour physique , par CAMILLE MAUCLAIR .— 3 fr.
La physique de l'amour , par REMY DE GOURMONT .— 3 fr.

Génération Consciente.

Organe de propagande pour la limitation volontaire des naissances. Néo-malthusisme . Eugénisme .

EUGENE HUMBERT , Directeur.

ADMINISTRATION : 27 rue de la Duée , Paris (XX.).